CLARA CARUSA
LEER EN CASO DE

Poemas refugio
para emergencias
emocionales

Ilustraciones de **Irene del Hierro**
Prólogo de **Alexis Díaz-Pimienta**

Montena

Papel certificado por el Forest Stewardship Council®

Primera edición: marzo de 2025

© 2025, Clara Carusa
© 2025, Penguin Random House Grupo Editorial, S. A. U.
Travessera de Gràcia, 47-49. 08021 Barcelona
© 2025, Irene del Hierro, por las ilustraciones
© 2025, Alexis Díaz-Pimienta, por el prólogo

Penguin Random House Grupo Editorial apoya la protección de la propiedad intelectual. La propiedad intelectual estimula la creatividad, defiende la diversidad en el ámbito de las ideas y el conocimiento, promueve la libre expresión y favorece una cultura viva. Gracias por comprar una edición autorizada de este libro y por respetar las leyes de propiedad intelectual al no reproducir ni distribuir ninguna parte de esta obra por ningún medio sin permiso. Al hacerlo está respaldando a los autores y permitiendo que PRHGE continúe publicando libros para todos los lectores. De conformidad con lo dispuesto en el artículo 67.3 del Real Decreto Ley 24/2021, de 2 de noviembre, PRHGE se reserva expresamente los derechos de reproducción y de uso de esta obra y de todos sus elementos mediante medios de lectura mecánica y otros medios adecuados a tal fin. Diríjase a CEDRO (Centro Español de Derechos Reprográficos, http://www.cedro.org) si necesita reproducir algún fragmento de esta obra.
En caso de necesidad, contacte con: seguridadproductos@penguinrandomhouse.com

Printed in Spain – Impreso en España

ISBN: 978-84-10396-02-9
Depósito legal: B-658-2025

Compuesto en Compaginem Llibres, S. L.
Impreso en Gráficas 94, S. L.
Sant Quirze del Vallès (Barcelona)

A quienes me cuidaron
con **paciencia** y **ternura**,
porque me enseñaron
a escuchar
y a implicarme
para intentar
que el mundo sea
un poco más amable.

A todas las personas
que una vez necesitaron
un **poema**,
una **palabra** amable
y que, quizás, <u>aquí</u>
lo encuentren.

Índice

Prólogo.. 12

Poemas para…
Mis emociones....................................... 20

Que necesites volver a priorizarte.................. 23
Que te sientas pletórica 24
Que busques la serenidad 26
Que no sepas lo que sientes.......................... 28
Estar llorando 29
Sentir furia 31
No saber si decir lo que sientes 33
Extrañar lo que nunca tuviste 34
Querer aprender a abrazar la soledad........... 36
Sentir ansiedad anticipatoria 37

Poemas para…
Los demás... 38

No poder decir «te quiero» a tus padres 41
Dar las gracias a quien te crio....................... 42

Leer en caso de...

Tener una amiga que sea tu compañera de vida 43
Querer abrirte a tus seres queridos 44
Tener una conexión especial con tu mascota 46
Que tengas muy buena relación con tu madre 47
Tener que poner límites a tu familia 48
Que tu alegría esté en ver cómo tus seres queridos
    cumplen sus sueños 50
Tener una expareja que te hacía mal 52
Echar de menos a las amigas 53
Ser madre, pero muchas otras cosas más 54
Que te abandonen 56
Acompañar a alguien en su enfermedad 58
Sentir que parecías conocer a esa persona
    desde siempre 59

Poemas para…
Los lugares 60

Que veraneases en el pueblo 63
Que quieras volver a un lugar pero no puedas 65
Que te sientas sola o solo en cualquier lugar 66
Mudanza 67
Que el mar sea tu refugio 69
Empezar de nuevo 72
Ir a la montaña 73

Amar a alguien que está lejos 75
Haberte roto las muñecas en un parque 76
Haber regresado de tu país.. 79

Poemas para…
Momentos especiales 80

Estar perdida en la vida 83
Tener miedo a no conseguirlo....................................... 84
Que un viaje te cambiara la vida 85
Viajar sola... 86
Haber cumplido un sueño 87
Que tengas un día totalmente normal 88
Haber fracasado... 89
Ir a trabajar en tren.. 92
Que suene muy temprano tu despertador 93
Que quieras pedir perdón, pero que no sepas
    cómo hacerlo... 94
Encontrar a alguien a quien esperabas,
    pero que no sea el momento adecuado............... 96
Superar un momento duro.. 97
Afrontar una enfermedad 98
Querer dar gracias por compartir la vida 101
Segundas oportunidades... 102
Querer declararse, sea cual sea el resultado............... 103

Índice • 9

Leer en caso de...

Poemas para...
Mis creencias 104

Amar 107
Ser libre 108
Saber respetar 110
Saber tratar con amabilidad 111
Ser incoherente 113
Saber que descansar es necesario 114
Creer que no puedes 115
Intentar ser luz para alguien en su oscuridad 116
Estar idealizando 118
Creer que perder el contacto real con las personas
    te hace perderte 120

Poemas para...
Lo que amo hacer 122

Bailar con alguien amado 125
Amar el arte 126
Tocar música 127
Amar una buena conversación 128
Amar pasear 130
No necesitar nada 131
Ser curiosa o curioso 132
Amar las plantas 133

Poemas para…
Mis etapas 134

Haber perdido a alguien amado o amada 137
Un nacimiento 138
Estar al final de una etapa 139
Decir adiós cuando no pudiste despedirte 140
Ruptura de un amor 142
Despedir una amistad 143
Estar en una relación tóxica 145
Iniciar un proyecto 147
Ser abuela o abuelo 148
Tener abuelos o abuelas en la residencia 149
Que tu vida pierda el sentido 153
Que nos llegue el último aliento 155

Prólogo

Supongo que en el prólogo a un libro ajeno parece feo o inadecuado empezar hablando de uno mismo. Aunque no me queda otra. En tanto poeta y como profesor de poesía improvisada, incluso como director de la Academia Oralitura, cada vez me siento más feliz, orgulloso y realizado. Pero no por mí, sino por mis alumnos. Este libro es un claro ejemplo.

Hace unos años tuve la dicha de tener de alumna a la joven poeta Clara Carusa. Asistió a dos de los cursos que impartía en la Academia Oralitura, el de Introducción a la décima y el de Improvisación poética. Luego, con el paso del tiempo, me sorprendí al ver cómo aquella joven llevaba a la práctica las enseñanzas de la improvisación (no solo en décimas, también en verso libre, y no solo oralmente, también por escrito), juntando en su personalidad y en su obra dos importantes frases. Una, que daba título al curso del que fue alumna («A improvisar se aprende improvisando»), y otra del gran poeta Federico García Lorca («La poesía anda suelta por la calle»).

Prólogo • 13

Leer en caso de...

La joven Clara Carusa resultó ser una militante activa de la poesía, o una activista militante de lo poético. Parapetada detrás de una máquina de escribir (tecnología demodé) y convirtiendo el parque del Retiro madrileño en un plató poético al aire libre, Clara Carusa lleva varios años escribiendo para los transeúntes, transformando en poemas la vida de los otros, sus alegrías y tristezas, sus vacíos y emociones. Hace poco escuché decir a Fernando Aramburu en la radio que la poesía solamente era útil cuando convertía en poetas a sus lectores, que esa era su única función. Estoy de acuerdo. Eso es, precisamente, lo que hace la joven poeta Clara Carusa. No solamente convierte en poetas a los transeúntes que le piden poemas, sino que convierte en poesía sus vidas, sus vivencias personales. Un amor. Un desamor. Una pérdida. Un encuentro. Una nostalgia. Una amistad. Una anécdota. Todo es materia prima para la poesía y todo ocurre ahí, en la calle, como decía Lorca. Poesía vivencial; poesía confesional. Verdadera poesía de la experiencia (y no experiencial y, mucho menos, experimental). Poesía que nace para que Clara deje, como quería Lezama Lima, «un rasguño en la piedra», una huella en el mundo. En esta época en la que el concepto *poesía* es tan escurridizo; en esta época, en la que el apellido *contemporáneo* tiende a difuminar o a borrar las fronteras entre las diferentes disciplinas artísticas, la *poesía transeúnte* o *poesía transitoria* de Clara Carusa da una lección diaria de humildad creativa y de utilidad sin apellidos. En esta época de egos incendiarios y de críticos volátiles agarrados al palo mayor de sus propios conceptos poéticos,

Clara Carusa deja *carusamente* claro que su único mástil es la poesía en sí misma y que, no me cansaré de citar al gran Nicanor Parra, «todo es poesía menos la poesía». Escribe Clara con claridad endogámica, como si su nombre hiciera justicia a su estilo poético. Escribe Clara claramente. Escribe Clara y aclara con sus poemas las emociones más diversas de quien le pide ayuda. Porque, no nos engañemos, la gente que pide poesía no pide poemas; en realidad, pide ayuda. O, seamos más claros, nosotros también: la gente que pedimos poemas no pedimos poesía, sino ayuda. Es la única forma de mendicidad positiva que conozco. Estiro la mano, en postura noblemente mendicante, y pido ayuda en forma de versos. Tengo miedos, tengo dudas, sufro nostalgia, estoy herido de amor y estiro la mano frente a una joven que tiene antídotos para todas estas cosas y que no me conoce.

Pero la joven Clara tiene una clara misión en esta vida: ayudar a los otros, salvar a sus lectores, ser su portavoz ante sí mismos. Y lo hace con elegancia y sabiduría. Y encima, como es una joven de su tiempo, o sea, de su época, tiene una versión virtual de sí misma en Instagram, en una cuenta que se ha viralizado para asombro de Whitman, Borges y Góngora (¿quién iba a decirles que tanta gente seguiría y compartiría poemas?). Clara lo ha conseguido. *Poemas que debes escuchar al menos una vez en la vida* es su eslogan, su gancho, y caemos en él como moscas los demás. A ver, ¿qué poema debo escuchar? Y aceptamos, o descubrimos, que la joven Clara tiene claro qué es la buena poesía. Tiene buen gusto. Tiene formación. Tiene una fina sensibilidad lectora. Y entonces nos dejamos conquistar por ella.

Entre la joven que improvisa diariamente poemas propios al ritmo de un teclado mecánico en el Rastro y la joven que viraliza poemas de otros (clásicos, modernos, contemporáneos), hay una hermosa zona de misterio. ¿Quién es Clara Carusa? ¿Qué métodos y criterios sigue para su selección poética? ¿De qué y sobre qué hablan sus propios poemas? Este libro sirve para resolver ese misterio: una mujer admiradora y seguidora de los grandes poetas, ¿sobre qué y cómo escribe sus propios poemas? Esa es la pregunta que subyace y he aquí las respuestas.

La poesía de Clara Carusa es como ella. Tiene los ojos grandes para vernos mejor. Tiene cejas negras y expresivas para escenificar bien el asombro. Tiene su poesía incluso un *piercing* en la nariz para distinguirse de otros poetas sin nariz ni olfato. Su poesía es joven, como ella. Su poesía es transparente, como ella.

Clara Carusa hace llorar a una joven con un poema improvisado para su madre en el Retiro. Es un poema sentimental, espontáneo, directo. Pero, luego, esa misma Clara Carusa rescata otro poema improvisado y lo convierte en poema-poema, en Instagram, para calmar a otros: «Si no sabes cómo decirle a tu mente que pare, / quizás este poema te venga bien escucharlo antes de dormir», empieza el post. Y aclara luego: «Los poemas que elijo para compartir, como los que escribo improvisados en el Rastro de Madrid, los escojo porque pienso que son comunes a muchas personas y que pueden ayudar a muchas más». Otra vez la búsqueda de la poesía útil.

Es la misma Clara Carusa que más tarde en su casa, sin las simpáticas y útiles prisas de la improvisación, escribe poemas de autoconocimiento:

> *Aprendí*
> *a amarme*
> *incluso los días que no me quiero*
> *y ya no me traiciono.*

Y que se desnuda en el papel para evitar equívocos:

> *Soy ligera y transparente,*
> *y no me cabe nada más.*

Son sus poemas acordes a los que yo llamo *poemas consejeros*. O *poemas terapéuticos*. Con el tono casi táctil de los libros de autoayuda. Un poema de Clara te pone la mano en el hombro, como un padre o un amigo. Un poema de Clara te abraza. Otro te lanza un beso. Otro te carga la bolsa de preocupaciones para aliviarte el peso.

> *Deja que salga*
> *lo que ya no aguanta dentro,*
> *suelta la barrera,*
> *sácalo,*
> *arrolla lo que pesa.*

Leer en caso de...

*Suelta todo
hasta el cansancio
de la misma lágrima...*

Tiene también su poesía cierto tono ensayístico, reflexivo, que se aviene muy bien con los filosofemas y los aforismos. Quizás por eso sus lectores deben tener a mano un lápiz, de punta fina y larga, para practicar el deporte favorito de los consumidores de poesía: el subrayismo. Yo lo haría.

Me cuenta Clara Carusa que, además de mis cursos sobre décima e improvisación, tomó clases —también en la Academia Oralitura— con Pedro Poitevín sobre poesía y matemáticas y, con Gema Corredera, un curso de canto. Se me antoja que algo de todo esto tiene su obra poética: la belleza del canto y su ductilidad, la exactitud de las matemáticas en temas y palabras, la frescura de la improvisación, el impacto epigramático de la décima. En estas ciento sesenta páginas con ochenta poemas, pasa y posa la joven Clara en todas sus facetas, y lo hace siempre con un objetivo muy claro, tal como lo anuncia en su Instagram: «Escribo poemas a medida para expresar aquello que necesites».

Leer en caso de es un libro con una estructura clara, como ella: bloques de poemas bien identificados, para que las personas encuentren el momento idóneo o cotidiano que estén viviendo y puedan identificarse con los versos.

Que el libro se titule *Leer en caso de* es ingenioso y acertado, y a su vez una advertencia y una invitación. Clara

Carusa ha escrito su tercer libro de poemas (antes vinieron *Gotas*, autoeditado en 2020, y *Personas sin problemas pero con problemas*, en 2021), un libro que, en sus propias palabras, «contiene poemas para diferentes momentos de la vida, para que las personas que acudan a la lectura de la poesía se puedan sentir acompañadas y emocionadas en diferentes ocasiones». Y añade: «Lo inspira la improvisación que llevo a cabo en el Rastro». Y esto me gusta. Que la improvisación inspire la poesía, que desemboque en ella, me enorgullece mucho después de tantos pleitos que la estigmatizan. Sí, señores poetas; la improvisación no siempre es poesía, pero sí que es siempre poética y, a veces incluso, incuba poemas, desemboca en ellos y estos poemas conforman un libro como este que pone luz en vuestras manos.

Aprovechen. Aprovéchenlo. Aprovéchense. *Leer en caso de* es un libro vivo y vital. Fresco y sincero. Limpio y transparente. Necesitado (de lectores) y necesario. Un libro para llevar en el metro y en el autobús, en la playa y en el parque, en casa y en el trabajo. Un libro útil. Un libro feliz. Un libro que nos hará a todos, como quiere Aramburu, un poquito poetas.

ALEXIS DÍAZ-PIMIENTA
Sevilla, 1 de enero de 2025

Poemas para...

Mis emociones

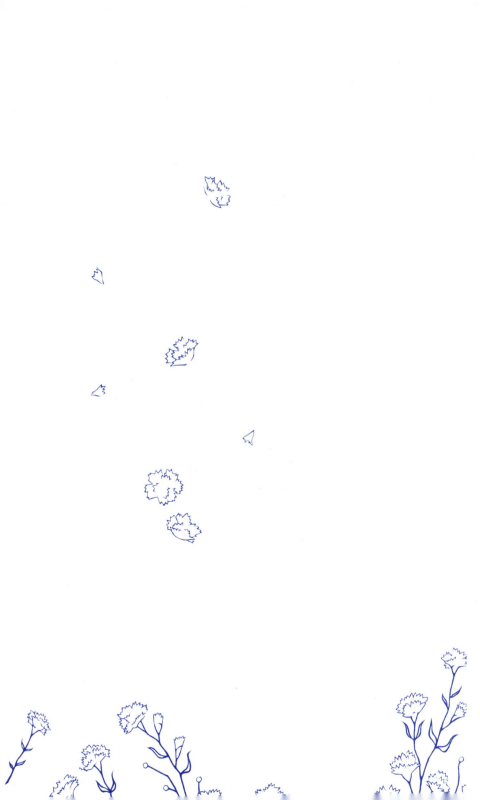

Que necesites volver a priorizarte

Serme fiel,
siempre recordarme,
para que no se sequen mis raíces,
para que no desaparezca en los otros,
diluida en sus peticiones,
en sus necesidades.
Serme fiel,
para conocerme,
reconocer mis cambios al pasar el tiempo.
Para verme siempre entera,
compañera de mí misma,
respetuosa de mis instintos,
que saben lo que quiero,
que no me dejan caer al abismo.
Aprendí
a amarme
incluso los días que no me quiero
y ya no me traiciono.

Leer en caso de...

Que te sientas pletórica

Nada me apaga ahora.
Toda la electricidad se juntó entre mis pies
y no toco el suelo.

Lo hice,
lo dije,
lo conseguí.

Hoy todo está en línea,
las curvas son suaves,
se abre el camino en
las calles.

Nada me para ahora.
Ni una mala mirada,
ni la falta de sueño,
ni el puñal en la espalda.

Soy ligera y transparente,
y no me cabe nada más.

Si vienes conmigo,
te abrazo en mi juego,
te cuento historias,
ya dormiremos luego.

Hoy lo puedo todo
y a todo me entrego
porque me desperté libre,
y la libertad venció al miedo.

Leer en caso de...

Que busques la serenidad

Hay una salida
en esta espiral que no para.
Hay una salida
y la puedes ver,
pero no la alcanzas.

El movimiento no es la respuesta
para encontrar las soluciones,
tampoco la carrera
ni afrontar la montaña de ideas.

La solución siempre fue el poco a poco,
la pausa.

Se te había olvidado.

El silencio es la oportunidad
de volver a ti.
De recordar lo que piensas,
de encontrar el camino
que, ahora mismo, no encuentras.

Así que tomemos un momento,
salgamos a la ventana,
observemos a los vecinos
y, cuando ya no oigas nada,
sentirás que retomas,
principiante,
de nuevo, la marcha.

Leer en caso de...

Que no sepas lo que sientes

Voy hacia un lugar
que no está tan claro en mi mente,
voy con impulso,
con fuerza,
para atravesar lo que acontece.

Voy hacia un lugar
y, aun así, tengo miedo.
¿Cómo no, si soy el lugar al que voy
que siempre fue del que vengo?
Voy hasta un lugar
en caminar incesante
y, a veces, paro
para darme cuenta de que ya estoy allí,
de que el lugar es extenso
y que ya soy lo que quiero.

Cuando el miedo me pesa,
cuando la soledad aprieta, recuerdo:
ya soy eso que busco,
ya estoy allí.

Estar llorando

Deja que salga
lo que ya no aguanta dentro,
suelta la barrera,
sácalo,
arrolla lo que pesa.

Suelta todo
hasta el cansancio
de la misma lágrima
y, después,
cuando puedas,
abre los ojos,
nota tu tacto,
hay luz
incluso en la oscuridad más densa.

Estás mejor,
aunque sea solo un poco.

Todo cambia,
las lágrimas desaparecen
para reaparecer de nuevo
y limpiar
lo que ya no es más.

Leer en caso de...

Todo cambia
y pasa,
aunque el tiempo
parezca dilatarse.

Sentir furia

destruye sin
consecuencias
aquello que
daña
aquello que
pesa

destruye por aquí →

No saber si decir
lo que sientes

Escanea el QR
y escucha en caso de…

Extrañar lo que nunca tuviste

En cada decisión,
una vida paralela
comienza.

Cada día
arrastro las vidas que no vivo
y, acaso,
las vivo al no vivir la mía,
la que elegí,
la que ante mí se despliega
como quien deshace
la hoja que fue mariposa de origami,
pero podría haber sido
barco, sombrero, nota en la papelera.
Añoro lo que nunca eché de menos,
el amor que no surgió,
la fiesta que no me hicieron.

En cada frase final,
todas las frases que no dije,
todos los pensamientos
que, por pensar cualquier otro,
dejé de lado.

Hay un abismo
de vidas que no viví
y que, necesariamente,
olvido,
para seguir viviendo.

Leer en caso de...

Querer aprender a abrazar la soledad

Una mota flotando en un lago,
calmo, en silencio.
Una vela lejana
a punto de apagarse en la oscuridad.
El suspiro mudo,
porque solo en sí mismo se escucha.
Hay un grito en mi pecho que no avanza,
que no encuentra la salida.
Hay una voz
que me habla detrás de toda mi desidia.

A veces,
si escucho esa voz,
respiro las flores del campo,

pues en mi soledad
no todo es oscuridad.

Sentir ansiedad
anticipatoria

**lee cada letra
sumérgete aquí
que no hay daño
respira
con el mar
en la
garganta**

ir a página 26

Poemas para...

Los
demás

No poder decir «te quiero» a tus padres

Tengo una mordaza
que poco a poco fui cosiendo,
no sé por qué lo hice
o si, acaso, me la hicieron.

Tengo una mordaza blanca
que no ignoro,
pero a la que cedo,
porque abrir la boca
no me sirve,
ni cerrar los ojos,
ni darme tiempo.

Tengo el sentimiento en mi cuerpo
mecido por tanto agradecimiento
y, sin embargo, está mi boca muda
apretando las palabras
hacia el pecho.

Y este nudo sin solución más que una
puede morir aquí dentro
o, quizás,
hoy consiguiera escuchar a viva voz
lo que hace tanto que no dije
pero que todos los días siento.

Leer en caso de...

Dar las gracias a quien te crio

Mi refugio se encuentra en tu mirada
que me salva del miedo,
de la incertidumbre de este mundo traicionero.
Eres quien cuida
con su sensibilidad y fortaleza
a quienes le cuidan.
Quien juega
o escucha
o espera,
mientras los demás
deshacemos los nudos
de nuestras propias peleas,
pero siempre con la seguridad
de que podremos volver a ti,
a tus palabras,
a tus ideas.

Eres mi lugar tranquilo,
por todo lo que fuiste
y lo que, aún hoy, eres.

Tener una amiga que sea tu compañera de vida

Mientras tanto
la vida nos pasa por los ojos
sin darnos cuenta de que
las personas que aparecen en el camino
pueden ser las que te cambien la vida,
las que te den el impulso.

Eres ese giro que necesitaba
en el momento justo,
el abrazo que ahora te comparto.

La vida nos hizo compañeras
en la fatiga y en la fiesta,
y nosotras
aceptamos el reto.

Leer en caso de...

Querer abrirte a tus seres queridos

Buenas.
Me presento ante ti,
así, transparente,
con la sonrisa iluminando la estancia
o la calle
o el miedo.
Te saludo,
me muestro.

Creías conocerme,
pero es imposible
que alcanzaras lo que ni yo misma
encuentro.

Me muestro por primera vez,
por vez primera desde hace tiempo,
pues sé quién soy
y ya no tengo miedo.

No vine a estar escondida,
eso ya lo aprendí,
ya no se olvida.
Dejé la maraña
que camuflaba
entera mi vida.

Hoy te doy las buenas,
te saludo
tranquila
y, después,
sin miedo a verme,
me miro
y me descubro curada la herida.

Leer en caso de…

Tener una conexión especial con tu mascota

Me traes la paz
al tacto.
Contienes mi aliento,
mis malos días.

Nuestro lenguaje: ninguno.
Conversaciones paralelas
en idiomas distintos
unidas por miradas interrogantes,
por las tardes de sofá dormidas.

No hace falta
entendernos más que ahora.

Te colaste en mi casa
y te convertiste en toda ella.

Que tengas muy buena relación con tu madre

El amor entre una madre y una hija
camina en ambas direcciones,
no se acaba nunca,
no tiene motivos,
ni peros,
ni angustias.

El amor que nos tenemos
no se pierde,
es tan eterno como nosotras,
siempre nos miraremos a los ojos
y sabremos
que somos la una
parte de la otra.

Leer en caso de...

Tener que poner límites a tu familia

No es fácil
enfrentar lo que siempre
pensaste que era un muro.

No es fácil
arriesgarte
si piensas
que perderás
el abrazo que se supone firme.

Cuando no se sostiene más
la calma, el cariño,
es momento de sacudir
los cimientos,
romper la casa
que asfixia a la familia.

Pero no necesariamente
para hacerla desaparecer
entre los escombros.

Si lo que antes te protegía
ahora te pesa, te aprieta,
es hora de pronunciar las palabras
correctas,
con cariño,
antes de que el dolor
lo haga imposible.

En tu familia
nadie debería querer
que respires bajo tierra,
que seas lo que no eres.

Puede
que algunas veces
te necesites a ti misma
para ponerte a salvo.

Leer en caso de...

Que tu alegría esté en ver cómo tus seres queridos cumplen sus sueños

Soy testigo, y nada más,
de vuestros momentos brillantes,
del gozo en los ojos,
de vuestra mirada concentrada.

Crezco mientras os veo crecer,
todo tiene sentido
cuando escucho la ilusión
con la que habláis,
la pasión con la que
se alimentan vuestros días.

Siempre estaré
preparada para la caída inesperada,
no os preocupéis de eso ahora,
dejad ir los miedos,
que yo los guardo lejos.

Permitid, una vez más,
que os vea avanzar por la vida,
que al pasar los años
se me empapen los ojos,
porque os vi caminar paso a paso,
atravesar las incógnitas,
comprenderos.

Vuestra existencia ya es suficiente
para emocionarme.
Acompañaros es para mí
el lugar al que siempre pertenecí.

Leer en caso de...

Tener una expareja que te hacía mal

Me perdí a mí misma
en la ilusión
que susurraba
el mundo de las cosas felices.

Nadé durante años en ti
arreglando el jardín,
pensando en tu mano junto a la mía,
fabricando sueños.

Me perdí
y, tras años de suspiros,
caí al vacío,
me deshice en mil pedazos.

Y, ahora,
aunque te extraño,
me estoy reencontrando
con quien verdaderamente soy,

eso el dolor
no lo cambia.

Echar de menos a las amigas

Cojo el teléfono.

Con vergüenza.

Marco su número.

[...]

Esta charla me salvó.

Te quiero.

Leer en caso de...

Ser madre, pero muchas otras cosas más

No siempre fui madre
y, por serlo,
no dejé de ser quien soy,
de subirme por las ramas,
de desear lo que solo yo deseo.

Cambié como cambian los años
a quienes viven.
Cambié y, a veces,
me hice invisible
detrás de los demás.

Pero sigo aquí,
aunque ni yo, a veces,
me encuentre
a mí misma.

Si me empiezas
a ver translúcida,
dame un abrazo,
hazme una pregunta
tráeme un cocido.

Quizás me siento sola
o tengo algo que contar
que creo que no le importa a nadie
o tengo hambre y no fuerzas.

Soy madre, pero también
tantas otras cosas
que dentro del cuerpo
no me cabe el juicio ajeno,
más culpabilidad.

Cambié y me hice más compleja,
más grande, más sabia.
No perdí nada,
no me hice madre y perdí lo que era.
Me convertí en madre,
pero ya no quiero
olvidarme más de mí.

Leer en caso de...

Que te abandonen

Esperar lo recíproco,
lo que retorna.

Pero no porque se deba,
sino porque nace al mismo tiempo,
siempre regulando el espacio, el afecto.

No se sostiene
lo que pesa demasiado
de un lado,
aunque lo que se amontone
sea el amor,
el edificio se derrumba,
la piel se rompe.

No quise ver la soledad rodeando mi rostro,
abrazándome desde las sombras,
cortando los hilos que sujetaban mi cuerpo.

Pero ocurrió y no morí.
Pasó y sigo aquí.

Y, aunque aún escuece por dentro,
no me quemo ya por nadie,
pues aprendí a no dar hasta quedarme
 vacía.
Aprendí a silenciar el ruido
para entender que quien entrega su parte
recibe la mía,
y quien no lo hace
no recibe mi espera.

Lo que te quema con hielo
nunca te besa la herida.

Poemas para los demás

Leer en caso de...

Acompañar a alguien en su enfermedad

Yo cubro tu hombro
con el mío junto a ti,
tú me cuentas
y yo escucho.
Escucho y escuchas
y, aun sin ser mi dolor, no me aparto.
Aun sin vivir lo que vives,
soy roble, soy tierra firme,
como si nuestra piel fuera la misma,
como si cargáramos con el mismo peso,
para que sientas que tu cuerpo
se va aligerando, se mece en el viento.

Así como yo te acompaño,
sé que tú me cuidaste primero.
Por eso sabes a ciencia cierta,
que de tu lado,
hasta que todo pase,
no me muevo.

Sentir que parecías conocer a esa persona desde siempre

Ya nos conocíamos antes de vernos,
cómo si no se explica
la rapidez del paso del tiempo a tu lado.
Cómo si no se explica
este entendimiento,
este cariño,
este cuidado.

Somos lo que hemos construido
con la palabra tierna,
con el gesto sentido,
con el susurro de quienes
no necesitan elevar la voz para escucharse.

Ya nos debíamos haber conocido,
pues nunca me pareciste extraño.

Poemas para...

Los
lugares

Que veranees en el pueblo

En agosto se amontonaban
las bicicletas
en el patio amarillo.

El ruido familiar llenaba la casa,
los pasillos,
armonizaba la mañana,
las comidas junto al río.

Nunca entenderé a quien
no celebra cuándo nació,
porque mis celebraciones
siempre fueron en el calor
de esos veranos
siempre teñidos
del grito en el columpio,
de piscinas naturales
y de aquel armónico ruido.

Siento que agradezco cada verano,
ahora adormecido,
aquel jaleo de abuelos y tíos,
de recorrer en bicicleta
las historias que inventaba
para dormir por la tarde a mis primos.

Cuando vuelvo ahora al pueblo
aún escucho mi llanto herido,
fui feliz, eché de menos
y dejé parte de mi vida
en aquel patio amarillo.

Que quieras volver a un lugar pero no puedas

Eres
golondrina de ala rota

que vuelve al nido de barro que deshizo
   la lluvia en invierno.

Ya no queda nada,

toca empezar de nuevo.

Leer en caso de...

Que te sientas sola o solo en cualquier lugar

*Yo no sé de pájaros,
no conozco la historia del fuego.
Pero creo que mi soledad debería tener alas.*

ALEJANDRA PIZARNIK, «La carencia»

Donde el dolor arrasaba
quedó un camino de hielo
que con tu aliento deshaces
dejando flores de invierno

y cuando no te esperaba
me rompiste desde dentro,
encontraron tus palabras
en mis miedos el consuelo.

Yo que tan sola vagaba,
con aquel vaivén sereno,
tú me encontraste de pronto,
diste en mi boca de lleno.

Y ya no estoy más tiempo sola,
no hay modo aunque me empeño.
Yo no encontraba mi sombra,
tú convertiste el silencio.

Mudanza

Me despido de estos muros,
de los recuerdos
que resbalan por el gotelé.

Me despido de los besos
que llenaron el salón,
de las siestas
con toda la familia dormida en la cama.

Acaricio la terraza,
las vistas del agua bajando
por la calle cuando llueve,
las charlas bajo la luz tenue
y el jardín vertical
que rudimentario aguanta
los cambios del clima.

Me voy de mi casa
y de nuevo mis cosas
son cajas de cartón,
mochilas, maletas.

Me voy con mis cosas
de esta casa
y llevo a mi hogar conmigo.

Leer en caso de...

Mi hogar que son
mis personas,
mi calma ralentizada en la mañana,
mi alegría en el pasillo
por descubrir cualquier
cosa que cambia mi vida.

Nos vamos todos de esta casa
y llenaremos una nueva
de todo lo que somos,
lo que construimos
con el cariño y la forma
en la que aprendimos
a escucharnos.

Apenas tengo pena,
incluso el cansancio se apacigua
sabiendo
que el hogar no es la casa.

Que el mar sea tu refugio

Yo, que vivo lejos del mar,
nunca te siento
suficientemente cerca.

Y cuando el agua me toca
los pies agrietados
me moja
y a la vez me seca.

No hay serenidad
más grande
que la que en tus vaivenes
se encuentra.

Por eso te miro
y me veo,
te veo
y mi problema se aquieta.

Cuando visito el mar
siempre pienso
que quizás nací dentro de uno
y que quizás,
por eso,
mi madre tiene ojos de agua.

Leer en caso de...

Mi madre que no vio el mar
hasta los diecisiete años.
Pero debió guardar
el susurro en su vientre
para tener una niña salada.

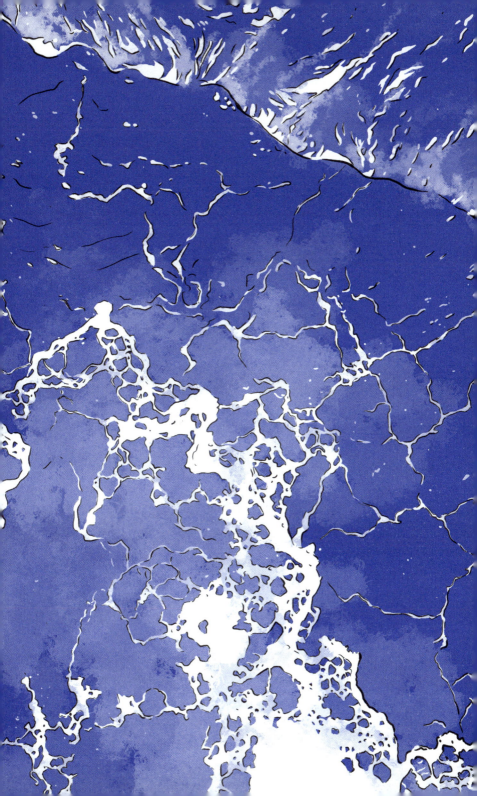

Leer en caso de...

Empezar de nuevo

Estoy encontrando mi sitio en el mundo,
mi lugar,
mis personas.

La vida me fue rompiendo
los esquemas que construí,
lo que pensaba,
lo que creía que sería el porvenir.

Me di cuenta en estos años
que todo cambia
y por eso me dejé cambiar,
y, así,
cambié de hogar,
de país,
de casa.

Hoy construyo sin miedo el amor,
porque quienes viven
siempre aman.

Ir a la montaña

Hay un lugar que abraza la calma,
en el que el silencio
se llena de vida,
en el que comprendes
tu humanidad,
tu fragilidad.

Donde las dimensiones
de lo que me rodea
son tan grandes
y yo no.

Donde yo soy del tamaño
que me corresponde,
porque no hicieron
personas como yo las montañas,
como ocurre con los edificios,
con las casas.
Las ciudades están llenas
de hechos que nos roban la humildad.

Leer en caso de...

Aquí,
en mi desamparo,
comprendo la vida,
el ciclo de la procesionaria,
la búsqueda del calor
del reptil en la roca, en el muro.

Cuando estoy en la montaña,
solo soy una pieza más,
una veta de madera en un tronco,
testigo del pájaro carpintero,
una semilla esperando
bajo la nieve.

Amar a alguien que está lejos

Hay distancias que no existen
cuando las personas se hablan desde el pecho,
con el corazón en los labios.

La distancia es corta en el pensamiento,
en la imaginación,
en todos los lugares en los que
caminas pegado a mi espalda, a mis mejillas.

A miles de kilómetros no me siento lejos de ti,
solo cuando cae el velo del miedo entre nosotros,
estamos más lejos que nunca, aunque estemos cerca,
y lo bello se marchita tras los días que no vuelven.

Mientras tanto, te pienso y estás aquí.

Leer en caso de...

Haberte roto las muñecas en un parque

Cuando tenía 7 años me caí de un columpio
y me rompí los dos brazos.
Fue la primera vez que me sentí atada.
Fue la primera vez que sentí a mi madre esclava.
No recuerdo a mi padre darme de comer,
lavarme o vestirme con cuidado pero sí a ella.

Nunca antes había pensado
que siempre culpé a mi madre de romperme los brazos.
Nunca antes de este poema había pensado
que siempre creí que mi madre eligió a mi hermana,
en vez de a mí,
y por eso me rompí los brazos.

Es curioso cómo las historias
se moldean a nuestros miedos.

Cuando tenía 7 años quise subir a un columpio alto
y me rompí los brazos.
Fue la primera vez que recuerdo
que culpé a mi hermana, que tenía solo un año.
Fue la primera vez que recuerdo
que mi madre prefirió a mi hermana.
Mi madre no estaba sola en ese parque.

Sin embargo, es a quien recuerdo
con la responsabilidad de salvarme de la caída.

Cuando tenía 7 años quise subir a lo más alto
 del columpio,
cuando estaba arriba,
no pude poner los pies en la tabla,
me caí y me rompí los dos brazos.

Cuando tenía 7 años,
mi madre sujetaba a mi hermana,
de un año,
que hacía equilibrios en un columpio,
y yo decidí subirme a lo más alto de otro.

Cuando tenía 7 años me caí de un columpio
y me rompí los dos brazos.
Fue la primera vez que me sentí atada.
Fue la primera vez que recuerdo que mi madre
 fue esclava.

Fue la primera vez que recuerdo
que pagó la culpa con cuidados a quien la juzgaba.

Poemas para los lugares

Leer en caso de...

Y fue solo la primera que recuerdo.
Pero la culpa ha ido retumbando en mis discursos
　tanto tiempo...
Su culpa acusada en mis discursos
y, al final, por fin me doy cuenta
de que hay lazos que atan más que dos manos rotas,
que las palabras ahogan más en el tiempo que una soga

y que fui yo quien decidió subirse a lo más alto del
　columpio.

Haber regresado de tu país

Aterrizo en la tierra,
pero no en mi piel,

que quedó allá atrapada
como si ya no me perteneciera,
como si mis huesos
no necesitaran su sustento.

Llegué a la ciudad por la que hoy paseo,
pero apenas llegué,
a trozos,
pues fui dejando mis partes más queridas
en mis lugares favoritos,
en mis personas favoritas.

Aterricé, pero aún estoy en vuelo.

Poemas para...

Momentos especiales

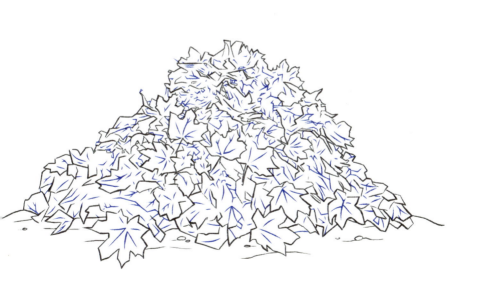

Estar perdida en la vida

Vive,
ocupando el espacio que mereces,
extendiendo tus brazos al viento amable,
sin hacer pequeño tu aliento.

Si estuviste viviendo
en una caja pequeña,
saca de ella tu cuerpo,
tus sueños,
para que puedan expandirse a su tamaño real,
a la plenitud de tu propio yo,
a la altura que de verdad
es la tuya y no a otra.

Vive
como deberían vivir los seres que habitan la tierra
y nada menos.

Leer en caso de...

Tener miedo
a no conseguirlo

Tienes a los miedos haciendo fila,
hablando entre ellos,
planeando tu huida.

Todos van llamando a la puerta
y van llenando el salón,
apenas queda espacio para ti,
tus planes se ahogan en el corredor.

Ya se enteraron de que decidiste dar el paso,
que hiciste que ocurriera o te ocurrió
y el despegue es inminente.

Escucharon el disparo al aire,
la cuenta atrás,
la piel erizándose sin frío
y, ahora,
tienes que pronunciarte.

Conseguirlo no es triunfar,
es alzar el vuelo.

Que un viaje te cambiara la vida

Reconozco la calidez en mi rostro,
este aire que roza mi piel
y caminó por ella no hace tanto.

Hoy, que vuelvo,
con la compañía que sostiene el cuerpo los días grises,
comprendo que nunca marché del todo,
que lo que quedó de mí en estas calles
me devuelve hoy un abrazo cálido y tierno.

Reconozco el retorno
y, ahora,
hoy,
consciente,
dejo algo de mí aquí,
entierro la semilla,
para, en el regreso,
encontrar un lugar que siempre será mi casa.

Leer en caso de...

Viajar sola

Por fin callé la voz
que me susurraba que no podía hacerlo
y, ahora,
me encuentro en viaje
sin fin y sin retorno.

Me he quitado las capas que me cubrían
con el lodo del día a día,
ya no me siento pesada, ni gris.

Me encuentro viajando,
expandiéndome hacia dentro y hacia fuera,
encontrando sin buscar
lo que necesito,
lo que me hace feliz.

Me escucho
y dejo a mis pies caminar,
me escucho
y leyendo me leo
para decidir el siguiente paso.

Haber cumplido un sueño

No esperes más,
haz un plan
para disfrutar
de haberlo conseguido.

Las victorias deberían
celebrarse
durante meses,
no las deseches
rápido,
no las pierdas
pronto,
persiguiendo el siguiente objetivo.

Leer en caso de...

Que tengas un día totalmente normal

Ojalá tengas más de estos,
pero no demasiados.

Haber fracasado

Si fracasaste
es porque intentaste
ser compañera del viento,
saltaste las llamas,
dijiste sí puedo.

Solo acompaña
el fracaso
a quien se entrega,
a quien teme
y no se detiene.

Pero el fracaso
no es abismo,
no es terror,
aunque sí pena.

Es lo suyo
recuperar las fuerzas
tras ver roto
lo que deseas.

Leer en caso de...

Pero caer en la desesperanza
debe ser un acto pasajero
pues la sal de las lágrimas
limpia el cuerpo
pero deja yermo el sendero.

Leer en caso de...

Ir a trabajar en tren

Hay una tensión extraña
que se acumula en este tren.

Demasiado temprano,
demasiada gente,
demasiada prisa,
demasiado silencio
roto por una conversación
en algún teléfono
que molesta a todas
las personas menos a una,
que habla alto,
como si estuviera sola.

Todas las personas
intentan ignorar
lo que a todas molesta.

Y, sin embargo,
nadie dice nada amable.

Que suene muy temprano tu despertador

Descubren las primeras luces
algo en nosotras mismas,
lo que se ocultaba en las sombras
lejos de nuestra vista,
lo que ocurría mientras poseíamos los sueños.

Se despejan con las primeras luces
las flores y los campos,
también los nuestros,
nuestros paisajes en el primer aliento del día.

Con el bostezo como suspiro
se vuelven cálidas las ideas que han nacido,
en el vaivén del paso crece la intención
abriendo camino a lo bello,
comienza el día que irá dejando
las incertidumbres del pasado atrás.

Leer en caso de...

Que quieras pedir perdón, pero que no sepas cómo hacerlo

Cuando dañamos a quien amamos,
se nos encoge el corazón,
se nos cierra la garganta,
nos replegamos con miedo
por lo que ocurrió.

Es normal hacerse una mota,
querer desaparecer
de aquel momento,
intentar no pensar que ha pasado.

Pero es mejor
comprender que
el fallo es imposible de esquivar,
entender que
ocurrirá y seguirá ocurriendo.

Lo único que podemos hacer
al respecto
es frenar,
aun con dolor,
afrontar con valentía que hiciste daño
y reparar la herida que involuntariamente realizaste.

Pedir perdón es amar en dos direcciones.

Leer en caso de...

Encontrar a alguien a quien esperabas, pero que no sea el momento adecuado

No puedo verte donde me gustaría,
junto a mi sombra,
con mi mano en la tuya.

No puedo más que imaginarte
en las huellas de la cama
al amanecer
pues tu cuerpo nunca podrá habitarla,
dejar su peso.

Somos un cruce que no llega nunca.

La vida esta vez nos susurró
que no podrá ser,
no podré tenerte.

Superar un momento duro

He vuelto a conocerme
después de las tempestades.
He vuelto a mirarme y sentirme.
He vuelto a habitar mi piel
como algo propio,
como la casa que reverdece en la primavera
y se mantiene siempre en el hogar,
como el lugar en el que refugiarme
cuando me encuentro mal,
como lo que debe ser cuidado
para salvar mi verdad
y poder elegir,
a flor de piel,
quién soy
y no soy más.

Leer en caso de...

Afrontar una enfermedad

No sabemos lo que es la vida hasta que enfermamos.
No sabemos ver el sol salir, el sol caer,
   la estación cambiar.
No sabemos ver la vida hasta que estamos ciegos
y no podemos pero nos gustaría.
No sabemos ver la vida pero nos gustaría.
A veces, nos gustaría.

No sabemos ver la vida hasta que enfermamos
y, de repente, los pájaros cantan al amanecer
y te mojas los pies en el río en invierno
y disfrutas viendo la sonrisa de tu madre,
la de la frutera,
la de la persona que se sienta a tu lado en el metro,
la de la persona que te besó la última vez.

No sabemos qué es la vida hasta que enfermamos,
hasta que sabemos que somos frágiles,
hasta que se nos para la respiración, el tiempo y el sueño.

No sabemos qué es la vida,
pero queremos saberlo, a veces,
para saborear la comida sin culpa,
para que importe el corazón bueno,

el sincero, el que no juega,
ni se esconde ni huye de una mirada profunda,
   frente a frente.

No sabemos ver la vida, saborearla,
hasta que una enfermedad nos ata,
hasta que existe una cuenta atrás,
unos pétalos marchitos contados en la palma
   de una mano.

Ahí sí, ahí lo recordamos,
corremos, cantamos,
decimos todo lo que guardaba la garganta,
sobre todo las palabras amables y sinceras.
Salimos al campo, acariciamos el aire, las flores
y gritamos al viento porque
¿qué más da?
Porque ¿por qué no?
Porque sienta bien sentir que te atraviesa la vida.

No sabemos qué es la vida hasta que enfermamos,
hasta que no hay amanecer que deje espacio al alivio.
No sabemos lo que es la vida,
porque hay que olvidarlo

Leer en caso de...

y qué extraño, ¿no?
Buscando la vida, cada vez la escondemos más
y la hacemos cada vez más pequeña,
aún más, como una mota en la palma de la mano
que, al mirar a todos, crece.

Enfermar es un poder doloroso,
pero quizás no valga la pena
esperar a que todo esté perdido.

Querer dar gracias por compartir la vida

Compartimos el viaje
con esta suerte que agradecemos.
Compartimos el viaje,
que es la vida,
en la que el tiempo
es lo más bello que se puede ofrecer.

Nosotros nos lo entregamos sin dudas,
sin miedos letales
que adormecen el amor.

Hemos aprendido a estar juntos
y el camino de este viaje
se nos ha llenado de flores.

Hoy nos miramos
y sabemos que nos hemos encontrado.

Leer en caso de...

Segundas oportunidades

He parado para encontrar
mi luz propia,
que se escondía
brillando débil
detrás de mi frenético movimiento.

Aunque siempre había luz,
hay algo que se aviva
con tu mirada,
con la mezcla de ese tú y ese yo
que se funden en una sensación de hogar,
en un espacio real,
en unos sueños compartidos.

He parado para brillar de nuevo,
solo espero
que el humo
no lo borre todo.

Querer declararse, sea cual sea el resultado

Nada es más importante
que saber que estamos dispuestos
a lanzar los brazos si el otro está en caída.

Nada es más importante
que saber que nuestras vidas se han cruzado
y hemos coincidido en la respiración,
acompasados.

Nos entendemos,
sin buscarnos
nos encontramos.

Somos gotas paralelas en este río de gente
y, aunque
no nos tocásemos,
siempre valdría la pena
compartir el camino.

Poemas para...

Mis
creencias

Amar

El amor en la vida
nos va dejando la calma
y el desasosiego.
Siempre vuelve
aunque se aleje:
a veces en otra forma,
a veces en otros cuerpos.
El amor me trajo en la vida
la caricia
y el desconcierto,
pues lo que no esperaba lo trajo
y lo que quería, a veces,
no lo encuentro.
Siempre estaré dispuesta
a escuchar su próximo canto,
el que me susurre
que no está todo perdido
el que me erice así,
como aquella vez,
como agujas de hielo en la nieve fundida,
de nuevo el bello.

Leer en caso de...

Ser libre

Me amarro a la libertad
como la hiedra enrojecida al muro,
me vendo los pies heridos
para caminar,
para seguir el murmullo.

Me amarro a la libertad
tanto como soy honesta,
tanto como abro la boca
y te hablo de mí.

No encontraría la libertad,
la poca que se me entrega,
si no supiera quién soy,
si no abrazara en la espera
esta vulnerabilidad ajada,
este miedo a fallar que me dio la escuela.

Amarro mi mente a la libertad
y el miedo encuentra
su casa en mi espalda,
pero me sé la melodía rota
que con eco mi espalda
relaja.

Así puedo, como la hiedra roja,
amarrarme al muro,
escaparme por la valla.

Leer en caso de...

Saber respetar

Hay algo ahí dentro de tus ojos
que se despereza de tu centro
y con la verdad se abre paso.

Eso mismo
que llega a mí
y, como si fuera tan fácil,
lo entiendo.

Y, cuando el pensamiento
niebla el espacio entre nosotros,
yo,
simplemente,
espero.

Porque sé que tu verdad,
la que sale de tu centro,
volverá a traer la luz
profunda del entendimiento.

Saber tratar con amabilidad

Desde la pasión desbordada
de nuestra historia,

se cubren de niebla
los pasos que dieron los demás.

No hay una historia ajena
que podamos comprender
hasta el centro del centro,

ni una interpretación certera
de lo que ocurre en otras vidas.

Por eso el gesto amable,
la escucha atenta,
calmar con tu respiración
tu furia un momento,

puede que sea el camino algún día
de llegar al corazón de quien
dolido actúa,
de darle el lugar tranquilo
a quien necesita la paz
para volver a sí mismo.

Leer en caso de...

Cuando estoy a punto de explotar,
recuerdo
todas las veces que me hubiera
venido bien
que alguien
me entregara una flor.

Ser incoherente

Por la mañana digo y hago,
por la tarde solo digo,
por la noche hago lo que no dije
y digo lo que no hice.

Me machaco y me castigo,
o lo ignoro y sobrevivo.

No hay soga más apretada
que la supuesta exigencia
de ser coherente en la constancia
o tener unos ojos vigilantes,
si acaso los propios,
para señalar cualquier
momento en el que
cambias de dirección.

Leer en caso de...

Saber que descansar es necesario

Respiro y me hago grande,
para que al volver a mi forma
quede espacio a mi alrededor.

Llevo tanto tiempo dando
que me noto los huesos.

Necesito espacio,
para decidir,
para aprender a alimentarme
de la comida que yo misma preparo.
Sé amar,
entregar en el intento,
abrazar en los días densos.

Quiero encontrar los espejos
que devuelven ese mismo abrazo,
quiero sentir que yo también
floto y, sin esperarlo, lo encuentro.

Mientras llega lo ajeno,
con el amor que ya contengo
me sostengo.

Creer que no puedes

Paro de escuchar mis miedos ahora,
antes de tender mi cuerpo en la cama.
Recuerdo
que jamás fui vencida del todo
por lo que temía,
incluso aquello que ocurrió
no dio con la derrota de mis huesos definitiva.
Así que paro y confío,
no en lo intangible,
no es confianza ciega,
confío en mí,
porque siempre conseguí
seguir viviendo.

Leer en caso de...

Intentar ser luz
para alguien en su oscuridad

Estoy aquí,
presente,
dispuesta.

No te exijo,
no miento
para intentar hacerte
llano el camino.

Estoy aquí,
no me voy,
la soledad no es buena
compañera en la oscuridad.
Por eso me quedo.

Hablo si me lo pides,
si lo prefieres
me espero.

Si necesitas un abrazo,
abrazo,
si necesitas contarlo,
lo entiendo,
si prefieres silencio,
me callo,
si quieres cantamos,
aunque no seamos buenos.

Y, si no sabes lo que quieres,
yo tampoco, a veces, me entiendo.
Así que si quieres te acompaño,
solo estando,
hasta que te aclares,
que tengo tiempo.

Leer en caso de...

Estar idealizando

Creo que me estoy perdiendo
en lo que deseo de ti,
que ya no eres tú aquello que veo
en tu rostro, en tus palabras.

Entonces, abandono
mis ideas sobre tu persona,
que te encarcelan en un lugar imposible.

Entonces, recuerdo
que tu belleza no crece o disminuye,
existe porque tú existes.
La belleza nunca cupo en la norma,
en una forma,
en un parecer.
Comprender la belleza es abrazar el mundo como es,
con el juicio dormido,
con la mirada amable,
sin miedo a descubrir
que lo distinto también es bello
siempre que nazca de dentro.

Aunque sea diferente a lo que esperaba,
aunque me haga aceptar
que quizás no todo me gusta de ti.
Puede que lo bello realmente
sea quitarnos el miedo a la falta de totalidad,
a convivir con la imperfección.

Nunca fue física, en realidad,
la belleza que deseamos,
ni el deseo
algo necesariamente real.

Leer en caso de...

Creer que perder el contacto real con las personas te hace perderte

Cuánto hace que no abrazas el silencio,
que te miras de frente
y que no sientes miedo
de detenerte
y parar el tiempo,
de ver cómo crece la planta
para que a lo verde
no le falte el riego.

Cuántas veces en la noche perdida
te salvó el roce sincero,
te alivió el aliento enfrentado
cuerpo a cuerpo,
ciego a ciego.

Cierra los ojos de nuevo
para abrazarte desde dentro
porque
la luna mira a la noche de espaldas,
cuando los ojos no aciertan serenos.

Al llegar la noche,
la luna la mira de espaldas,
cuando los ojos no aciertan serenos.

Poemas para...

Lo que amo hacer

Bailar con alguien amado

Bailamos cada lunes
para reiniciar el tiempo,
para sentir que volvemos
al punto de inicio,
a enamorarnos de nuevo.
Bailamos los días
para llegar los primeros
a sentirnos llenos
el uno de la otra,
para saborear los momentos.
Este año que ya es otro
y parece de nuevo el primero
se cierra con estas letras,
con esta canción y con este beso.

Amar el arte

Disfrutar de parar a observar,
eso es amar el arte.

Deslizar tus pensamientos
lentamente hasta tu herramienta.

Dar paso a tus emociones,
para crear o para recibir
lo inesperado.

No esperar nada,
saber apreciar lo que llega.

Conectar, amar la conexión,
es amar el arte.

Tocar música

Entiendo el juego,
no hay música que no fluya.

No pienso demasiado
cuando toco música.

Pensar demasiado
es síntoma de estudiante de instrumento.

Cuando de verdad toco música
lo que hago es sentir,
traducir sonidos
en pequeñas señales
que llegan inundando los oídos
de quienes se prestan a escuchar.

No siempre acierto,
no siempre suena bello,
pero sería mentir
decir que no exploro un mundo nuevo,
y que cada vez que toco
lo interpreto.

Leer en caso de...

Amar una buena conversación

Vine a este mundo para hablar,
charlar,
conseguir respuestas,
dejar que fluya el tiempo
de tus palabras
a las mías
y de vuelta al tiempo.

Vine a este mundo para aprender
de la gente,
cara a cara,
a no tener miedo
a romper el silencio,
pues detrás nada malo se agazapa,
lo que se habla
se arregla,
vuelve a vivir,
aun con dudas
se acepta,
se reflexiona
o se rechaza.

Vine a encontrarme con personas,
escuchar sus historias,
dejarlas después en mi memoria,
que germinen allí luego,
que me salven cuando
perdida me encuentro.

Vine llorando como si ya hablase
y hablando me marcho,
las palabras me lo dan todo,
y a ellas me entrego
también
sin dudas ni modos.

Leer en caso de...

Amar pasear

Salgo de mí misma,
al salir por la puerta,
al recorrer cada tramo,
al descubrirme despierta.

Noto el aire en mi cara
y la sonrisa repuesta,
no existe la verdad a medias,
solo, despacio, me vuelven las fuerzas.

Vuelvo de golpe al presente,
los recuerdos sin mezcla
me hablan de lo que importa,
que era lo que estaba cerca.

Cuando estamos inmóviles,
se nos estanca la cabeza,
nos olvidamos de que por lo que vivimos
ya lo tenemos, no somos la presa.

Camino y paseo
para retornar a mi puerta,
y vuelvo y retorno
con la sonrisa fresca.

No necesitar nada

Nada,
hoy nada,
ni este libro,
ni este tiempo,
ni cambiar nada.

Leer en caso de...

Ser curiosa o curioso

No te pares aquí,
aunque quisieras no podrías.

Ahora dudas,
pero notas la corriente
que ya te arrastró al siguiente verso.

No te paras aunque puedes,
porque ¿para qué vivir
si no es para eso?

Amar las plantas

Riego mis plantas cada mañana
como quien prepara el café.
Nunca demasiada agua
ni demasiada poca.

Cuando riego mis plantas
el agua llega a mi raíz,
a mis sueños dormidos,
a lo que sentía adormecido.

Riego mis plantas
como si me regase a mí,
para darme cuenta de
cuándo estoy seca
y cuándo mojada.

Poemas para...

Mis etapas

Haber perdido a alguien amado o amada

Desde que te fuiste
me refugio del mundo
creando universos
donde la sensibilidad me atraviesa
más lentamente,
donde las noticias llegan con formas y colores
que bebo con lentitud,
al sol,
con calma,
con tiempo en suspenso.

Todo mi caos se viene conmigo
pero no duele tanto,
mi miedo se viene conmigo
pero no se clava tanto
y la pérdida no existe ahí,
en mi universo,
te tengo siempre,
te siento cerca.

Si tan solo pudiera volver a escuchar tu voz
    diciendo aquello.

Leer en caso de...

Un nacimiento

Eres la sorpresa
que esperaba dormida
a ser descubierta por
nuestras manos,
por nuestros ojos
que tantas veces no comprendían
lo que sucedía.

Esta sorpresa nos ha pillado
con el pecho abierto,
con las ganas a punto,
con la resistencia inexistente
a tanto amor inesperado.

Ahora,
dejamos crecer lo que brota sin cuestionario,
como si acaso se pudiera controlar,
todo lo que traes,
todo lo que eres.

Estar al final de una etapa

Algo está cambiando
dentro de mí,
dentro de mis sueños
y de mi pecho.

Algo está cambiando
y yo lo estoy dejando
transformarme,
destrozar y agrietar
lo que me pesaba,
lo que cortaba mi respiración
para ahogarme de mí misma.

Ya no me asusto de lo que pienso,
no huyo de mi cuerpo
ni de mi verdad.

Así que hoy te digo
que me atraviesa el cambio
y ya

no soy la misma.

Leer en caso de...

Decir adiós cuando no pudiste despedirte

Poso estas palabras

como quien

tira una rama

al río y la ve desaparecer:

con poca fuerza

y con esperanza.

Todas las cosas

que quise decir

se amontonan en mi boca

y nada de lo que

consigue salir

hacia fuera

parece ser lo que de verdad siento.

Es tan grande el sentimiento

que lo tópico se queda pequeño,

no significa nada.

Te fuiste sin que pudiera
mirarte a los ojos,
despegándote de golpe.
Me parece ahora
que siempre imaginé
tu rostro,
que nunca estuviste realmente junto a mí.

Sea como sea,
te despido sin despedirme,
porque nunca me dejarás del todo.

A quien se ama
siempre se le guarda
en el corazón
como un destello de nostalgia
o como una herida que aún sangra.

Leer en caso de...

Ruptura de un amor

Escucho mi soledad
que me habla de mis heridas,
de las huellas que el amor dejó en mí,
que no se borran,
pero que tampoco duelen demasiado.

Escucho mi eco en mi soledad
frente a caminos que no tomaré,
historias que no sucederán.

Aprendo, pues,
a amar la paciencia
armada de mí misma.

En este camino amplio,
tranquilo,
habrá espacio
para que camine junto a mí,
cuando quiera,
el amor de nuevo.

Despedir una amistad

Los días avanzan sin que estés aquí.
Nuestros recuerdos
me duelen.
Nadie consiguió enseñarme
a dejar ir
y fui viendo cómo los finales
se me escapaban entre los dedos,
cómo me agarré
a lo que ya no existía.

Miro atrás y entiendo.

Que crecimos lejos,
persiguiendo diferentes anhelos.
Que nos acompañamos
sin prisa,
que el cariño existió
mientras tuvimos acuerdos.

No sostuvieron nuestra amistad
los nuevos tiempos.

Hemos cambiado.

Leer en caso de...

Las personas vienen
y algunos caminos se acaban.

Te digo adiós
con la mano en el pecho,
para que no se apaguen
las luces que encendimos.

El tiempo pondrá a dormir a la pena
y, probablemente,
acabaré sonriendo al recordarte.

Estar en una relación tóxica

Es la hora
de soltar las riendas
que agitas al aire
fatigando la nada.

Amas y amaste
tu ilusión, tus ganas
de un futuro
que no ha llegado.

Te has ido alejando
de la orilla,
dejándote llevar,
sin querer,
por la corriente.

Pero tú no perteneces
al trato a medias,
al desconcierto constante,
a la palabra
que se pronuncia
para dañar.

Leer en caso de...

Comienza a dar pequeños pasos,
pequeños actos valientes
que te atrevas a cometer,
que te vayan retornando
a tu cuerpo,
que te recuerden
quién eras,
porque aún lo eres.

Nada acaba aquí,
excepto el dolor
que ya conoces.
Lo demás
tan solo empieza.

Iniciar un proyecto

Fortaleza
dentro y fuera de este cuerpo
que arrastro sin peso.

No hay un muro que no escale,
no hay un desafío que se me escape.

Sé quién soy,
qué quiero,
qué busco
y, con miedo o sin miedo,
lo encuentro,
lo disfruto,
lo comprendo.

Abro los ojos al mundo,
porque es tanto para mí
como yo lo siento.

Leer en caso de...

Ser abuela o abuelo

Sois luz y camino,
la pasión que pone estos huesos en movimiento,
estas ilusiones encendidas.

Tenéis en la mirada las historias
de quienes llegaron antes que vosotros
y toda la fuerza de las que están por llegar.

Sois luz y camino, de este rostro
que arrugado os nombra y se emociona.

No habrá un día que estéis solos,
porque yo siempre os tendré en el pensamiento
cerca del corazón.

Y, aunque a veces
me recordéis
porque nos falte tiempo,
sabed que inevitablemente,
aunque un día no esté,
igual os quiero.

Tener abuelos o abuelas en la residencia

ABUELA,

       gracias,
por el chiste de último momento,
   la broma que nadie espera,
que retuerce la cara entre sorpresa
       y risa al resto.

El último deseo que me diste
   fue escribir
un poema sobre la <u>soledad compartida</u>
  y ahora entre la impotencia
   y la soledad
en este bordillo a modo de silla
de este hospital de las afueras
    de Madrid,
mientras el resto de la familia
  te despide,

     me despido yo,

porque ya sabes por qué,
  con este último deseo tan tuyo
  y posiblemente con una
    <u>escritura torpe</u>,
     que **no satisface lo merecido**.

Leer en caso de...

«La soledad compartida».
Veo en los rostros ajenos
mi historia mil veces repetida.
Veo, en estas miradas que son el doble de ojos,
caminos inacabados, torcidos,
despegados del abrazo que ahora es intermitente,
apenas colectivo.

Me miro mi cara cuando puedo
y me apoyo en la baraja de cartas,
que esa nunca cambia,
que la escoba sigue barriendo a 15
y el tute sigue pintando en bastos.

Pinto mi vida con los colores que no tiene,
con los que nunca tuvo,
para hacer de mi realidad fantasía abrazable, amable.

Me iré con el orgullo de saber
que mi arma siempre fue la risa
ante cualquier ataque rancio,
ante el desgarro que sin piedad
me reservaban los que yo tanto cuidé.
No conseguí enseñarles eso, pienso aquí,
desde esta silla que es mi casa y de la que soy presa.

La torpeza no es amiga de la vejez.

De eso se debería hablar entre partida y partida,
pero nos pondría encima una melancolía tan aplastante
que no podríamos sobrevivir entre visita y visita
   de los nietos,
a los que les guardamos los caramelos que ganamos
   en el bingo.

Y es que así es esta soledad compartida
tan bizarra, tan perdida.
Cartas, caramelos, silla,
y un reloj que camina lento.
Cagar en una cesta con ayuda de una grúa,
perder tu autonomía.
Maquillar todo,
no hablar del dolor las únicas dos horas
que ves a tu familia querida.
Un pico de alegría, cuando me preguntan
   con los ojos abiertos
qué necesito, si quiero algo para escuchar música
y, después, con la voz ronca
arrancarme a cantar Nino Bravo,
levantar unos brazos flamencos.

Leer en caso de...

Irme a dormir,
despedirme dándole un beso al aire
al cuadro que mi nieta me hizo
y desearle buenas noches,
dudar de si lo hará ella también,
pensar que creo que vendrá mañana a verme,
    que traerá la guitarra.

✱✱✱

Mi abuela me llamaba **mi niña**.

La quiso mejor la gente que conocía que su propia familia.

Hablábamos de lo que nadie le preguntaba. Lo último que me dijo, con la mirada fija en mis ojos, fue: «Estoy apañá», con esa mezcla de cansancio y broma que venía teniendo. Lo último que me pidió. **Este poema.**

Que tu vida pierda el sentido

Algo no funciona,
algo está fuera de sitio,
marcando el paso,
robándote las fuerzas.

Has olvidado lo que amas,
incluso lo que es amar algo,
a alguien,
conectar con el momento.

El vacío en el pecho crece
mientras el tiempo
parece acelerar
aumentando las cosas pendientes,
las expectativas sobre ti,
los mensajes sin contestar.

¿Cómo perdimos el tiempo
de descanso?

El agotamiento
es contrario a la vida.

Leer en caso de...

Duerme y cura
el miedo.
Para lo que necesites,
lo que puedas,
y recupera la cordura.

El sentido
lo da la interpretación
y una persona ahogada
recibirá la vida
rodeada del mar infinito.

Que nos llegue el último aliento

Espero haber dejado la paz,
la lágrima de la despedida,
la sonrisa en el recuerdo.

Todo acabará,
todo se pierde,
se rompe,
se gasta.

Espero haber dejado una esencia,
un recuerdo en alguien que perdure
un poco más tan solo,
no hace falta la eternidad.

Nada muere
en el corazón que ama,
que abierto
se emocionó.

Espero dejar una estela,
haber devuelto la vida alguna vez
a aquellos a los que quise.

Leer en caso de...

Si agité las ganas a alguien,
si algo que hice cuidó,
inspiró,
fue compartido,
hizo crecer,
me voy tranquila.

Espero dejar la paz
y una planta regada
para vosotras,
lo demás
un regalo para que el tiempo haga
lo que siempre promete.